Berlin

damals und heute

Berlin

damals und heute

Herausgegeben von Wieland Giebel

Bildnachweis

Landesarchiv Berlin: Cover (1939), 5 (1924), 6, 8, 10, 12, 14, 16, 18, 20, 22, 24, 26, 28, 30, 32, 34, 36, 38, 40, 42, 44, 46, 48, 50, 52, 54, 56, 58, 60, 62, 64, 66, 68, 70, 72, 74, 76, 78, 80, 82,84, 86, 88, 90; **Wieland Giebel:** 19; **Ron Mertiny:** 15, 25, 31, 41, 47, 49, 51, 59, 63, 73, Backcover; **Tanja Tilse:** 7, 11, 17, 21, 27, 33, 35, 43, 57, 61, 65, 67, 69, 71, 81, 83, 91; **Tania Valentine Reh:** 9, 13, 23, 29, 37, 39, 45, 53, 55, 75, 77, 79, 85, 87, 89.

Giebel, Wieland (Hg.):
Berlin – damals und heute
2. Auflage der Neuauflage – Berlin: Berlin Story Verlag 2012
ISBN 978-3-86368-028-2

Alles über Berlin GmbH
Unter den Linden 40, 10117 Berlin
Tel.: (030) 51 73 63 08
Fax: (030) 69 20 40 059
www.BerlinStory-Verlag.de, E-Mail: Service@AllesueberBerlin.com
Konzeption: Susanne Roder
Translations: Simon Hodgson
Traducciónes: Ricardo Andres Leal Rubiano
Traduzioni: Veronica de Martino
Gestaltung: Tanja Tilse
Fotos: Wieland Giebel
Ron Mertiny
Tanja Tilse
Tania Valentine Reh DGPh, www.artania.de

WWW.BERLINSTORY-VERLAG.DE

1924. Das Luftschiff US ZR III (LZ 126) hatte seine Jungfernfahrt am 27.8.1924.

1919. Alexanderplatz. Das Warenhaus Tietz hatte damals die längste Fassade Europas. Davor die Berolina-Statue, über sieben Meter groß. Galeria Kaufhof (rechts) steht teilweise auf der gleichen Stelle – der Alex ist vollständig verändert.

1919. Alexanderplatz. At the time the department store Tietz had the longest façade in Europe. In front of it, the Berolina-statue, over seven metres high. The Galeria Kaufhof (to the right) stands partially on the same place – The "Alex" has changed completely.

1919 (izquierda). Alexanderplatz. El centro comercial Tietz tenía la fachada más grande de Europa. Al frente la estatua de la Berolina con más de siete metros de altura. La Galería Kaufhof está ubicada en el mismo lugar – El Alex está totalmente cambiado.

1919. Alexanderplatz. Il centro commerciale Tietz aveva all'epoca la facciata più lunga d'Europa. Davanti era la statua Berolina, alta più di sette metri. Oggi vi troviamo la galleria Kaufhof (sopra) – la piazza è cambiata del tutto.

1930. Rotes Rathaus, Spandauer Straße vom Molkenmarkt (nicht mehr erkennbar) aus gesehen. Im Roten Rathaus (1869) residiert der Regierende Bürgermeister. Der Turm überragte das Schloss. Bürger versus Königtum.

1930. Rotes Rathaus (red city hall), Spandauer Straße from Molkenmarkt (no longer recognizable). The reigning mayor resides in the red city hall (1869). The tower is significantly higher than the building. Citizen versus monarchy.

1930 (izquierda). Rotes Rathaus, Spandauer Straße que se divisa desde el Molkenmarkt (no se puede reconocer). En el Rotes Rathaus (1869) residiá el alcalde. La torre supera al castillo en altura. Los Burgeses contra la Monarquía.

1930. Il municipio rosso, Spandauer Straße vista dal Molkenmarkt (non più riconoscibile). Il municipio (1869) è sede del sindaco reggente. La torre sovrasta il castello. Borghesia contro monarchia.

1932. Nikolaiviertel. Im Mittelalter entwickelten sich an der Spree Cölln (Fischerinsel, heute Hochhäuser) und Berlin (u. a. Nikolaiviertel). 1237 gilt als Geburtsjahr Berlins. Das neue Nikolaiviertel wurde 1987 fertiggestellt.

1932. Nikolaiviertel. In the Middle Ages the Cölln developed on the Spree (Fischerinsel, today high-rises) and Berlin (amongst others Nikolaiviertel). 1237 marks the birth year of Berlin. The new Nikolaiviertel was completed 1987.

1932. Nikolaiviertel. En la edad media se desarrollaron cerca del Spree Cölln (Fischerinsel, hoy rascacielos) y Berlín (entre otras Nikolaiviertel). 1237 es considerado el año de nacimiento de Berlín. El nuevo Nikolaiviertel fue terminado en 1987.

1932. Il Nikolaiviertel. Nel medioevo sorsero sulla Spree Cölln (la Fischerinsel, oggi dominata da grattacieli) e Berlino (fra l´altro Nikolaiviertel). Berlino nasce nel 1237. Il nuovo Nikolaiviertel fu completato nel 1987.

1900. Mühlendamm mit Blick Richtung Molkenmarkt. Nichts erinnert heute an diese Zeit. Am 3. Februar 1945 wurde der Stadtteil ausgelöscht und in der DDR autogerecht ohne Bezug zum historischen Stadtgrundriss aufgebaut.

1900. Mühlendamm viewing Molkenmarkt. Today nothing remains as a reminder of this time. On the 3 February 1945 this part of Berlin was eradicated and was reconstructed in the GDR without reference to its part in the cities historic founding.

1900. Mühlendamm que se divisa hacia Molkenmarkt. Hoy nada evoca ese tiempo. El 3 de febrero de 1945 esa parte de la ciudad fue borrada y la RDA la construyó a favor del tráfico sin tener ninguna concordancia con los planos históricos.

1900. Mühlendamm con lo sguardo verso Molkenmarkt. Oggi non ne resta alcuna traccia. Il quartiere fu distrutto il 3 febbraio 1945 e ricostruito durante la RDT senza alcuna attinenza alla pianta storica della città.

1910. Jungfernbrücke, die älteste erhaltene Brücke Berlins aus dem Jahr 1798. Die DDR-Plattenbauten (rechts) werden abgerissen. Im Rücken des Fotografen steht das Außenministerium.

1910. Jungfernbrücke, the oldest preserved bridge dating back to 1798, that once dismantled became the GDR-Plattenbauten (to the right). Behind the photographer, stands the foreign ministry.

1910. Jungfernbrücke, el puente más viejo y conservado de Berlín del año 1798. (arriba) Los edificios del estilo de la RDA que serán derrumbados. Detrás del fotógrafo se encuentra el Ministerio de Asuntos Exteriores.

1910. Jungfernbrücke, il ponte più vecchio di Berlino dal 1798. I prefabbricati della RDT (sopra) verranno abbattuti. Alle spalle del fotografo si trova il ministero degli esteri.

1921. Oberbaumbrücke über die Spree (1897). Die einzige Verbindung zwischen Kreuzberg (West) und Friedrichshain (Ost). Ein Baum verschloss nachts die Spree, morgens wurde Zoll kassiert.

1921. Oberbaumbrücke over the river Spree (1897). The single connection between Kreuzberg (west) and Friedrichshain (east). At night a tree served as a barricade across the Spree. The toll was collected in the morning.

1921 (izquierda). El Oberbaumbrücke sobre el río Spree (1897). La única conexión entre Kreuzberg (oeste) y Friedrichshain (este). Un árbol la cerraba de noche. En el día habia que pagar derechos de aduana.

1921. Oberbaumbrücke sulla Spree (1897). L'unico collegamento tra Kreuzberg (ovest) e Friedrichshain (est). Di notte la spree veniva sbarrata, di giorno veniva incassata la dogana.

1925. Das Engelbecken, im Jahr 1848 gebaut, von der Michaelkirche aus. Die Ziegelsteine für den Bau der Luisenstadt wurden über den Kanal gebracht. Heute (rechts) ein wunderbarer Teich mit 16 Fontänen.

1925. The Engelbecken, constructed in 1848, seen from Michaelkirche. The bricks used to build the Luisenstadt were shipped via the canal. Today a wonderful pond with 16 fountains.

1925. El Engelbecken se divisa desde la Michaelkirche, fue construido en 1848 (izquierda). Los ladrillos para la construcción de la Luisenstadt fueron traídos por el canal. Hoy un estanque maravilloso con 16 fuentes.

1925. L'Engelbecken, costruito nel 1848, visto dalla Michaelkirche. I mattoni per la costruzione della Luisenstadt furono trasportati sul canale. Oggi un meraviglioso stagno con 16 fontane.

1928. Belle-Alliance-Platz von der Friedrichstraße aus gesehen. Seit 1843 erinnert die Friedenssäule an den Sieg über Napoleon in Waterloo/Belle-Alliance. Der Mehringplatz heute (rechts) Richtung Hallesches Tor.

1928. Belle-Alliance-Platz seen from Friedrichstraße. Since 1843 the Friedenssäule has marked the victory over Napoleon in Waterloo/Belle-Alliance. The Mehringplatz today (to the right) in Hallesches Tor direction.

1928. Belle-Alliance-Platz se divisa desde Friedrichstraße. Desde 1843 la columna de la paz recuerda al triunfo de Napoleon en Waterloo/Belle-Alliance. (arriba) El Mehringplatz hoy, en dirección a Hallesches Tor.

1928. Il Belle-Alliance-Platz visto da Friedrichstraße. Dal 1843 la colonna della pace ricorda la vittoria su Napoleone a Waterloo/Belle-Alliance. Oggi il Mehringplatz (sopra) in direzione di Hallesches Tor.

1902. Anhalter Bahnhof in der Nähe des Potsdamer Platzes, 1880 von Kaiser Wilhelm I. und Otto von Bismarck eröffnet. Die Bahn fuhr von diesem Kopfbahnhof nach Leipzig und Dresden.

1902. Anhalter Bahnhof near Potsdamer Platz, opened in 1880 by Kaiser William I and Otto von Bismarck. There were connecting trains to Leipzig and Dresden.

1902 (izquierda). El Anhalter Bahnhof cerca del Potsdamer Platz fue estrenado en el año 1880 por el emperador Guillermo I. y Otto von Bismarck. Los trenes de esta estación terminal se dirigían a Leipzig y Dresde.

1902. L'Anhalter Bahnhof vicino a Potzdamer Platz, inaugurato nel 1880 dall'imperatore Guglielmo I e Otto von Bismarck. Da questo capolinea partivano treni per Lipsia e Dresda.

1928. Potsdamer Platz. Damals der verkehrsreichste Platz Europas. Das Pschorr-Haus der Münchner Brauerei, links daneben der Potsdamer Bahnhof sowie das Haus Vaterland, ein Vergnügungszentrum. Der neue Verkehrsturm erinnert an damals.

1928. Potsdamer Platz. At that time the busiest traffic square in Europe. The Pschorr-Haus of the Munich brewery, to the left is Potsdam railway station as well as the Haus Vaterland, an amusement centre. The new traffic tower is a reminder of the time.

1928. Potsdamer Platz. En su día la plaza más transitada de Europa. El edificio Pschorr de la cerveceriá Pschorr de Múnich, a la izquierda el Potsdamer Bahnhof y la Haus Vaterland, un centro de diversión. El tráfico actual evoca aquellos viejos tiempos.

1928. Potzdamer Platz. All'epoca la piazza più trafficata d'Europa. Il Pschorr-Haus della birreria Pschorr di Monaco, vicino il Potzdamer Bahnhof e l´Haus Vaterland, centro della vita notturna. La nuova torre del traffico ricorda quel periodo.

1910. Leipziger Platz, Warenhaus Wertheim (1897), damals das größte Warenhaus Europas. Wertheim wurde von den Nationalsozialisten enteignet. Die Erben wurden 2007 entschädigt.

1910. Leipziger Platz, the department store Wertheim (1897), at the time the largest department store in Europe. The national socialists expropriated the Wertheim. The inherits were compensated in 2007.

1910 (izquierda). Leipziger Platz, el centro comercial Wertheim (1897), antes el centro comercial más grande de Europa. Wertheim fue expropiado por los Nazis. Los herederos fueron indemnizados en el 2007.

1910. Leipziger Platz, centro commerciale Wertheim (1897), allora il più grande d'Europa. Wertheim fu privato dei suoi beni dai nazisti. Gli eredi son stati risarciti nel 2007.

1937. Alte Reichskanzlei (links), Wilhelmstraße 78, Erweiterungsbau (1930). In der Reichskanzlei befand sich 1871 bis 1945 die Behörde des Reichskanzlers des Deutschen Reiches. Die Plattenbauten (Foto rechts) entstanden bis 1989.

1937. The old Reichskanzlei (to the left), Wilhelmstraße 78, extension wing (1930). In the Reichskanzlei from 1871 to 1945 the authority offices of the chancellor of German Reich were here. The Plattenbauten (to the right) emerged in 1989.

1937 (izquierda). La vieja cancillería, Wilhelmstraße 78, edificio áditivo (1930). En la cancillería del Reich se ubicaron las oficinas del Reichskanzler del Deutsches Reich entre 1871 y 1945. (arriba) Los edificios altos fueron construidos hasta 1989.

1937. La vecchia cancelleria del Reich (a sinistra), Wilhelmstraße 78, l´edificio allargato. Nella cancelleria del Reich fu dal 1871 al 1945 la residenza dei cancellieri del Reich tedesco. I prefabbricati (sopra) risalgono al 1989.

1910. Spittelmarkt. Nur an einem Gebäude, dem Geschäftshaus im gotischen Stil in der Gertraudenstraße, erkennt man heute, dass hier früher ein belebtes Zentrum war. Die autobahnähnliche Gertraudenstraße wird jetzt zurückgebaut.

1910. Spittelmarkt. Only at one building, the gothic style Geschäftshaus on Gertraudenstraße, one can see that this was once a beloved hotspot. Gertraudenstraße is now being reconstructed.

1910. Spittelmarkt. Solo por un edificio, la casa de negocios en estilo gótico en la Gertraudenstraße, se nota hoy en día que antes era un centro animado. La Gertraudenstraße se parece a una autopista y será reducida posteriormente.

1910. Spittelmarkt. All´epoca era un centro vivace. Oggi lo si riconosce solo in un edificio, un'azienda commerciale in stile gotico nella Gertraudenstraße. La Gertraudenstraße, simile a un'autostrada, viene ora rimpicciolita.

1931. Gendarmenmarkt. Heute leuchtet er schöner denn je mit Deutschem Dom, Konzerthaus (im Bild links) und Französischem Dom (Mitte). Friedrich der Große wollte eine Piazza del Popolo wie in Rom.

1931. Gendarmenmarkt. Today it is more beautiful than ever with the German cathedral, the concert house (to the left) and the French cathedral (middle). Frederick the Great wanted a Piazza del Popolo, as there was in Rome.

1931. Gendarmenmarkt. Hoy está reluciente como nunca, con la Catedral Alemana, a la izquierda la sala de conciertos y la Catedral Francesa en el centro. El Rey Federico el Grande quería una Plaza de Popolo como la de Roma.

1931. Gendarmenmarkt. Oggi bellissimo con il duomo tedesco, la sala dei concerti (a sinistra) e il duomo francese (al centro). Federico il Grande volle una piazza del popolo come a Roma.

1925. Reiterdenkmal Friedrichs II., Unter den Linden, entworfen von Christian Daniel Rauch, eingeweiht 1851. Es ist das prächtigste Denkmal für Preußens prominentesten König. Dahinter die Staatsbibliothek.

1925. Reiterdenkmal Frederick II, Unter den Linden, created by Christian Daniel Rauch, dedicated 1851. It is the grandest monument for Prussia's most prominent king. Behind it the State Library.

1925. El monumento ecuestre de Federico II., Unter den Linden, fue diseñado por Christian Daniel Rauch e inaugurado en 1851. Es el monumento más impresionante para el rey más conocido de Prusia. Detrás está ubicada la Biblioteca Estatal.

1925. Monumento equestre a Federico II, Unter den Linden, progettato da Christian Daniel Rauch, inaugurato nel 1851. È il monumento più sontuoso al grande re prussiano. Dietro è la biblioteca di stato.

1912. Neue Wache. In der Wache vor dem Schloss (1818, Karl Friedrich Schinkel) wurden auch die Soldaten gewürdigt, die in den Befreiungskriegen gegen Napoleon fielen. Heute ist sie nationale Gedenkstätte gegen Krieg und Gewalt.

1912. Neue Wache. In the guard house in front of the palace (1818, Karl Friedrich Schinkel), soldiers were honoured who fell in the fight for freedom against Napoleon. Today it is national memorial against war and tyranny.

1912 (izquierda). Neue Wache. En el Cuartel que se encontraba delante del castillo (1818, Karl Friedrich Schinkel) honraron también a los soldados que murieron en la guerra de la liberación contra Napoleón. Hoy es un monumento nacional contra la guerra y la violencia.

1912. Nella Guardia davanti al castello (1818, Karl Friedrich Schinkel) si rese onore anche ai soldati caduti nelle guerre di liberazione contro Napoleone. Oggi é monumento nazionale contro la guerra e la violenza.

1925. Die Bauakademie aus rotem Backstein, entworfen von Karl Friedrich Schinkel (1836). Dreißig Beamte steuerten alle Bauten in ganz Preußen. Die Kunststoffattrappe heute wirbt für den Wiederaufbau.

1925. The red brick Bauakademie, designed by Karl Friedrich Schinkel (1836). Thirty officials controlled all constructions/buildings throughout Prussia. The backdrop is today an advertisement for the reconstruction.

1925. La Bauakademie de ladrillos rojos diseñado por Karl Friedrich Schinkel en 1836. 30 funcionarios controlaron todas las construcciones en Prusia. Hoy la imitación del edificio hace publicidad para la reconstrucción.

1925. L'accademia edile in mattoni rossi progettata da Karl Friedrich Schinkel (1836). Trenta funzionari regolavano tutte le costruzioni in Prussia. Il telo in plastica ne reclamizza la ricostruzione.

1910. Schlossbrücke und Schloss. Die DDR-Regierung ließ das Schloss 1950 sprengen, obwohl es nur wenig zerstört war. Der *Palast der Republik* (1976) wurde abgetragen, um den Neubau des Schlosses zu ermöglichen.

1910. Schlossbrücke and palace. The GDR-government ordered the palace to be demolished in 1950, although it was only slightly damaged. The *Palace of the Republic* (1976) was torn down in order to enable the reconstruction of the palace.

1910 (izquierda). La Schlossbrücke y el castillo. El gobierno de la RDA derribo el castillo en 1950 no obstante fue solo poco destruido. El *Palacio de la República* fue desmontado para la reconstrucción del castillo.

1910. La Schlossbrücke e il castello. La RDT abbatté il castello nel 1950, sebbene non fosse molto danneggiato. Il Palazzo della Repubblica fu demolito per permettere la ricostruzione del castello.

1934. Nationaldenkmal für Kaiser Wilhelm I. auf der Schlossfreiheit. Es wurde 1897 von seinem Enkel Wilhelm II. eingeweiht und nach dem Zweiten Weltkrieg von der DDR abgetragen, damit nichts an Preußen erinnert.

1934. Nationaldenkmal for Kaiser William I at the Schlossfreiheit. It was dedicated to him in 1897 by his grandson William II and torn down after the Second World War by the GDR leaving no reminders of Prussia.

1934 (izquierda). Monumento nacional del emperador Guillermo I en Schlossfreiheit. Fue inaugurado por el nieto de Guillermo II en 1897 y desarmado por la RDA después de la Segunda Guerra mundial, para que nada recordará a Prusia.

1934. Monumento nazionale all'imperatore Guglielmo I sulla Schlossfreiheit. Inaugurato nel 1897 dal nipote Guglielmo II e demolito dalla RDT dopo la seconda guerra mondiale, perché nulla ricordasse la Prussia.

1910. Der Berliner Dom (1905). Er verband das Schloss mit dem Museum (Kultur) sowie dem Zeughaus (Militär). In der Gruft sind viele Mitglieder des ehemals herrschenden Hauses Hohenzollern bestattet.

1910. The Berliner Dom (1905). It connected the castle with the museum (culture) as well as the armoury (military). In the vault, many members of the formerly ruling house Hohenzollern are buried.

1910. La Catedral de Berlín (1905). Unía el castillo con el museo (la cultura) y también con el Zeughaus (militar). En el panteón sepultaron muchos miembros de la familia Hohenzollern que gobernaron en esa época.

1910. Il duomo di Berlino (1905). Esso collegava il castello con il museo (cultura) e l'arsenale (esercito). Nella cripta sono sepolti molti membri dell'allora regnante casata degli Hohenzollern.

1910. Altes Museum vom Lustgarten aus gesehen. Von Karl Friedrich Schinkel im Stil des Klassizismus entworfen. 1828 als *Königliches Museum* eröffnet. Die Museumsinsel ist Teil des Weltkulturerbes.

1910. Altes Museum seen from the Lustgarten. Designed by Karl Friedrich Schinkel in the style of classicism. Opened in 1828 as *Königliches Museum*. The museum island is part of the world heritage.

1910. El Altes Museum se divisa desde el Lustgarten. Diseñado por Karl Friedrich Schinkel en el estilo del clasicismo. En 1828 abrió cómo *Königliches Museum*. La isla de los museos hace parte del patrimonio cultural de la humanidad.

1910. L'Altes Museum visto dal Lustgarten. Progettato da K. F. Schinkel in stile classicista. Aperto nel 1828 come *Königliches Museum*. L'isola dei musei fa parte del patrimonio culturale mondiale.

1930. Pergamonmuseum, erbaut 1930 nach Plänen von Ludwig Messel für den von Carl Humann seit 1879 entdeckten Pergamonaltar, der rechtmäßig aus Vorderasien nach Berlin kam. Die Stadtbahn (rechts) wurde 1882 eröffnet.

1930. Pergamonmuseum, built in 1930 according to Ludwig Messel's plans for the Pergamonaltar discovered by Carl Hunmann in 1879 that was legally transported from Asia Minor to Berlin. The city train (to the right) was opened in 1882.

1930. Pergamonmuseum, construido en 1930 con planos de Ludwig Messel. Lo hizo para el Pergamonaltar que fue descubierto por Carl Human en 1879. Lo trajo legalmente del Oriente Próximo a Berlín. (arriba) El metro fue inaugurado en 1882.

1930. Il Pergamonmuseum, costruito nel 1930 su progetto di Ludwig Messel per l'altare di Pergamon, scoperto nel 1879 da Carl Humann e portato legalmente dall'Asia anteriore a Berlino. Il metro (sopra) fu inaugurato nel 1882.

1910. Das Bode-Museum (eröffnet 1904 als *Kaiser-Friedrich-Museum*) im Stil des Neobarock, steigt direkt aus der Spree empor. Es beherbergt heute, prächtig restauriert, die Skulpturensammlung und Byzantinische Kunst.

1910. The Bode-Museum (opened in 1904 as the *Kaiser-Friedrich-museum*) in the neobaroque style emerges directly out of the Spree. Today it is home to magnificent restorations of a collection of sculptures collection and Byzantine art.

1910. El Bode-Museum (inaugurado en 1904 como *Kaiser-Friedrich-Museum*) en estilo neo-barroco crece directamente del Spree. Hoy muestra la colección de estatuas y arte bizantino (fue restaurado en su totalidad).

1910. Il Bode-Museum (inaugurato nel 1904 come *Kaiser-Friedrich-Museum*) in stile neobarocco sorge direttamente dalla Spree. Sontuosamente restaurato, contiene oggi raccolte di scultura e di arte bizantina.

1931. Oranienburger Straße mit der Neuen Synagoge (1866). Der preußische Ministerpräsident Otto von Bismarck war bei der Eröffnung anwesend. Heute ist das Centrum Judaicum (rechts) Sitz der Jüdischen Gemeinde Berlin und Kulturzentrum.

1931. Oranienburger Straße with the new synagogue (1866). The Prussian Prime Minister Otto von Bismarck was present at the opening ceremony. Today the Centrum Judaicum (to the right) is the centre of the Jewish community in Berlin.

1931. Oranienburger Straße y la Sinagoga Nueva (1866). El presidente del gobierno de Prusia Otto von Bismarck estuvo presente durante la inauguración. (derecha) Hoy el centro del judaísmo, es la sede de la parroquia judía de Berlín y un centro cultural.

1931. Oranienburger Straße con la nuova sinagoga (1866). Il primo ministro prussiano Bismarck ne presenzió l'apertura. Oggi il centro giudaico (a destra) è sede della comunità ebraica di Berlino e centro culturale.

1911. Admiralspalast, in der Friedrichstraße nördlich vom Bahnhof. Seit 1911 war der Admiralspalast eine der größten Vergnügungsstätten Berlins. Er wurde neueröffnet 2006 mit Theatern, Restaurant, Club und Bad.

1911. Admiralspalast on Friedrichstraße north of the railway station. Since 1911 the Admiralspalast has been one of the largest amusement sites in Berlin. It was reopened in 2006 with theatre, restaurant, club and bath.

1911. Admiralspalast. Está ubicado en Friedrichstraße al norte de la estación. Desde 1911 el Admiralspalast fue uno de los centros más grandes de diversión en Berlín. Fue reinaugurado en el año 2006 con teatros, restaurantes, clubes y un balneario.

1911. Admiralspalast, a nord della stazione Friedrichstraße. Dal 1911 l'Admiralpalast è stato uno dei più grandi centri della vita notturna berlinese. Riaperto nel 2006 con teatri, ristorante, club e piscina.

1930. Bahnhof Friedrichstraße, im Jahr 1925 errichtet. Einen kleineren Bahnhof gab es seit 1882. Die U-Bahn kam 1923. Zur DDR-Zeit wurden Agenten in den Westen geschleust und Terroristen der RAF in den Osten.

1930. Bahnhof Friedrichstraße as of 1925. There was a smaller railway station from 1882. The U-Bahn came in 1923. During the time of the GDR, agents were infiltrated into the west and terrorists of the RAF into the east.

Bahnhof Friedrichstraße 2007

1930. La estación Friedrichstraße, construida en 1925. Desde 1882 hubo una pequeña estación. El subterráneo fue construido en 1923. En los tiempos del RDA se infiltraron agentes al occidente y terroristas de la RAF al oriente.

1930. Stazione di Friedrichstraße (1925). Una stazione più piccola c´era già dal 1882. La metro giunse nel 1923. Durante la RDT venivano inviati clandestinamente agenti a ovest e terroristi della RAF a est.

1932. Café Kranzler, Unter den Linden Ecke Friedrichstraße – heute steht hier das Hotel Westin Grand mit einem Laden der Königlichen Porzellanmanufaktur. Damals traf sich das schicke Berlin im Kranzler oder gegenüber im Café Bauer.

1932. Café Kranzler, on the corner between Unter den Linden and Friedrichstraße – in its place today are the Hotel Westin Grand along with a chain of the royal china manufacture. At the time the elite Berlin met in the Kranzler or opposite in the Café Bauer.

1932. El café Kranzler, Unter den Linden esquina Friedrichstraße – hoy está ubicado el hotel Westin Grand con una tienda de manufactura real de porcelana. Antes la alta sociedad de Berlín convergía en el Kranzler o enfrente, en el Café Bauer.

1932. Café Kranzler, Unter den Linden angolo Friedrichstraße – qui c'è oggi l'hotel Westin Grand con il negozio della fabbrica reale di porcellana. All'epoca la Berlino elegante si incontrava al Kranzler o di fronte, al Café Bauer.

1900. Britische Botschaft, Wilhelmstraße 70, erbaut 1867/68 als luxuriöses Palais für den Eisenbahnkönig Bethel Henry Strousberg. Seit 1876 Botschaft. Königin Elisabeth II. eröffnete 2000 die neue Botschaft – von deren modernem Baustil not amused.

1900. British embassy, Wilhelmstraße 70, built in 1867/68 as a luxurious palace for the railroad king Bethel Henry Strousberg. The British embassy since 1876. In 2000 Queen Elizabeth II opened the new embassy – not amused by its modernity.

1900. La embajada británica, Wilhelmstraße 70, construida en 1867/68 cómo palacio lujoso para el rey de trenes Bethel Henry Strousberg. Desde 1876 es la embajada. La reina Elizabeth II inauguró la nueva embajada en el año 2000.

1900. Ambasciata britannica, Wilhelmstraße 70, costruita nel 1867/68 come palazzo lussuoso per il re delle ferrovie B. H. Strousberg. Ambasciata dal 1876. Nel 2000 Elisabetta II inauguró la nuova ambasciata.

1914. Das Hotel Adlon – Kaiser Wilhelm II. wollte seine Gäste repräsentativ unterbringen und förderte den Bau. Der Neubau (rechts) durfte sich erst nach langem Gezerre mit der Bauverwaltung am Original orientieren.

1914. The hotel Adlon – emperor William II wanted to accommodate his guests and promote the construction of the building. The new reconstruction (to the right), only given planning permission to base itself on the original after arguments with building admin.

1914. El hotel Adlon – El emperador Guillermo II. quiso alojar sus huéspedes de un modo representativo y promovió su construcción. (arriba) Después de muchas discusiones la construcción del edificio nuevo se pudo orientar como el original.

1914. Hotel Adlon – l'imperatore Guglielmo II voleva dare ai suoi ospiti un alloggio rappresentativo e ne promosse la costruzione. I nuovo edificio (sopra) si ispira all'originale.

1912. Das Brandenburger Tor am Pariser Platz, Symbol der Teilung und der Einheit. Entworfen von Carl Gotthard Langhans (1791). Die Quadriga (Johann Gottfried Schadow, 1793) blickt immer Richtung Schloss.

1912.The Brandenburg gate at Pariser Platz, a symbol of both division and unity. Designed by Carl Gotthard Langhans (1791). The Quadriga (Johann Gottfried Schadow, 1793) always faces the palace.

1912. El Brandenburger Tor en el Pariser Platz, símbolo de la separación y de la reunificación. Diseñado por Carl Gotthard Langhans (1791). La Quadriga (Johann Gottfried Schadow, 1793) siempre mira hacia el castillo.

1912. La Porta di Brandeburgosul Pariser Platz, simbolo della separazione e dell'unificazione. Progettata da Carl Gotthard Langhans (1791). La quadriga (Johann Gottfried Schadow, 1793) sempre guarda in direzione del castello.

1923. Reichstagsgebäude (Paul Wallot, 1894). Der Brand des Reichstags im Februar 1933 bot den Nationalsozialisten den Vorwand zur Verfolgung ihrer Gegner. Sir Norman Robert Foster ist Architekt des restaurierten Gebäudes.

1923. Reichstag building (Paul Wallot, 1894). The Reichstag fire in February 1933 gave the national socialists the pretext to pursue its opponents. Sir Norman Robert Foster is the architect of the restored building.

1923. El edificio Reichstag (Paul Wallot, 1894). El fuego del Reichstag en febrero de 1933 fue el pretexto de los Nazis para la persecución de sus enemigos. Sir Norman Robert Foster es el arquitecto del edificio restaurado.

1923. Il Reichstag (Paul Wallot, 1894). L'incendio del Reichstag nel febbraio del 1933 diede ai nazionalsocialisti il pretesto per la persecuzione dei loro avversari. Sir Norman Robert Foster é l'architetto dell'edificio restaurato.

1920. Die Krolloper. Unterhaltung und große Oper seit 1886, nach dem Reichstagsbrand Sitz des Parlaments. Hitler verkündete hier 1939 den Beginn des Zweiten Weltkriegs. Das Bundeskanzleramt (rechts) steht etwas nördlicher.

1920. The Krolloper. Entertainment and large opera since 1886, after the Reichstag fire, seat of parliament. In 1939 Hitler announced the start of the Second World War here. The chancellor's office (to the right) stands a little further north.

1920. La ópera de Kroll. Entretenimiento y opera grande desde 1886, después del fuego del Reichstag se convirtió en la sede del parlamento. Hitler anunció aquí el comienzo del la Segunda Guerra Mundial en 1939. (arriba) El Bundeskanzleramt está más al norte.

1920. La Krolloper. Grande opera dal 1886, sede del parlamento dopo l'incendio del Reichstag. Qui Hitler annunció nel 1939 l'inizio della seconda guerra mondiale. La Bundeskanzleramt (sopra) si trova un pó più a nord.

1900. Die Kronprinzenbrücke aus dem Jahr 1879, im Hintergrund links das Gebäude des Zirkus Krembser. Nach dem Ende der Teilung Europas und Berlins verbindet die Brücke heute die historische Mitte mit dem Regierungsviertel.

1900. The Kronprinzenbrücke erected in 1879, in the background on the left the building of the Zirkus Krembser. Today, the bridge connects the historical centre with the government quarter after the end of the historical division of Berlin and Europe.

1900. El Kronprinzenbrücke del año 1879. En el fondo a la izquierda se encuentra el edificio del circo Krembser. Hoy el puente conecta de nuevo el centro histórico con el barrio de gobierno, después de que la separación de Europa y Berlín fue superada.

1900. il Kronprinzenbrücke (1879), sullo sfondo a sinistra l'edificio del Zirkus Krembser. Dopo la fine della divisione dell'Europa e di Berlino il ponte oggi unisce il centro storico con il quartiere governativo.

1911. Der Lehrter Bahnhof war seit 1868 Ausgangspunkt der Strecke nach Hannover, gleich neben dem schon bestehenden Hamburger Bahnhof. Heute ist der 2006 eröffnete Hauptbahnhof der einzige Kreuzungsfernbahnhof Deutschlands.

1911. The Lehrter Bahnhof was the starting point of the stretch to Hanover since 1868, immediately next to the already existing Hamburger Bahnhof. Today the 2006 opened central station is the only main-line railway station in Germany with tracks crossing on multiple levels.

1911. El Lehrter Bahnhof fue el punto de partida de la línea a Hannover desde 1868, justo al lado del Hamburger Bahnhof. (arriba) Hoy la estación central. Fue inaugurada en el año 2006, es la única estación de ferrocarril encruzada de Alemania.

1911. Il Lehrter Bahnhof fu dal 1868 il punto di partenza della linea per Hannover assieme al già esistente Hamburger Bahnhof. Oggi la stazione centrale inaugurata nel 2006 è l'unico snodo ferroviario della Germania per i treni a lunga percorrenza.

1930. Siegessäule auf dem Königsplatz vor dem Reichstagsgebäude. Später zog sie zum Großen Stern im Tiergarten, weil die Nationalsozialisten Platz brauchten für ihre geplante Welthauptstadt Germania.

1930. Siegessäule at Königsplatz in front of the Reichstag. Later it was moved to the large star in Tiergarten, because the national socialists needed space for their already planned world capital Germania.

1930. La columna de la victoria en la Königsplatz, delante del edificio del Reichstag. Después la cambiaron al Großer Stern en el Tiergarten porque los Nazis necesitaban espacio para la capital del mundo Germania que estaban planeando.

1930. La colonna della vittoria sul Königsplatz davanti al Reichstag. Trasferita poi sul Großen Stern nel Tiergarten per far spazio ai progetti nazisti di una capitale mondiale detta Germania.

1935. Theater am Nollendorfplatz in Schöneberg (1906). Bekannt als zeitkritische Piscator-Bühne und nach dem Zweiten Weltkrieg als „Metropol" Kino, Disco und wilder "KitKatClub", führt heute ein Schattendasein.

1935. Theater at Nollendorfplatz in Schöneberg (1906). Well known as a topical Piscator (renowned German director)-stage and after the Second World War as a "Metropol" movie theatre, disco and wild "KitKatClub", today it leads shady existence.

1935. El teatro de Nollendorfplatz en Schöneberg (1906). Conocido cómo escenario crítico de Piscator y después de la Segunda Guerra Mundial cómo „Metropol", cine, discoteca y „KitKatClub", poco conocido hoy.

1935. Teatro sul Nollendorfplatz a Schöneberg (1906). Noto come teatro Piscator e come cinema „Metropol" dopo la seconda guerra mondiale, discoteca e "KitKatClub", oggi é un edificio più o meno anonimo.

1910. Kaufhaus des Westens. Das größte Kaufhaus des europäischen Kontinents. 1907 vom jüdischen Kaufmann Adolf Jandorf gegründet. Durch das KaDeWe wurde aus einem Wohnquartier ein Einkaufsviertel.

1910. Kaufhaus des Westens. The largest department store on the European continent. Established in 1907 by the Jewish businessman Adolf Jandorf. Through the KaDeWe, a once upon a time living district became a shopping quarter.

1910. El Kaufhaus des Westens. El almacén más grande del continente europeo. Fúndado por el comerciante judío Adolf Jandorf en 1907. Gracias al KaDeWe el barrio de vivendas se convirtió en un barrio comercial.

1910. Kaufhaus des Westens. Il centro commerciale più grande d'Europa. Fondato nel 1907 dal commerciante ebreo A. Jandorf. Con il KaDeWe il quartiere si trasformó da residenziale in commerciale.

1905. Haltestelle Wittenbergplatz, damals noch ganz einfach. Erst 1913 wurde der Bahnhof erweitert und mit einer neuen, repräsentativen, dem KaDeWe angemessenen Eingangshalle versehen.

1905. Station Wittenbergplatz, at the time still very simple. The railway station was first expanded in 1913 and was equipped with a new, entrance hall appropriate for the KaDeWe.

1905 (izquierda). La estación Wittenbergplatz, siendo una estacion sencilla. Desde 1913 la estación fue ampliada y se dotó con un vestíbulo nuevo, para ser más representativa para el KaDeWe.

1905. Fermata Wittenbergplatz, all'epoca ancora molto modesta. Solo nel 1913 la stazione fu ingrandita e dotata di una nuova e rappresentativa sala di ingresso adeguata al KaDeWe.

1930. Kaiser-Wilhelm-Gedächtniskirche (1895, F. Schwechten). Wilhelm II. erinnerte so an seinen Großvater Wilhelm I. 1961 nach leidenschaftlicher Debatte neu gebaut (rechts, E. Eiermann). Das Denkmal (rechts) steht für das geteilte Berlin.

1930. Kaiser-Wilhelm-Gedächtniskirche (1895, F. Schwechten). William II dedicated to his grandfather William I. Newly constructed in 1961 after fierce debate (to the right, E. Eiermann). The monument on the opposite side stands for the divided Berlin.

1930. La Kaiser-Wilhelm-Gedächtniskirche (1895, F. Schwechten). Guillermo II. conmemoro a su abuelo Guillermo I. con la iglesia. (arriba, E. Eiermann) En 1961 después de muchos debates fue construida de nuevo. El monumento es un símbolo de la ciudad separada.

1930. La Kaiser-Wilhelm-Gedächtniskirche (1895, F. Schwechten). Così Guglielmo II volle ricordare suo nonno Guglielmo I. Ricostruita nel 1961 (sopra, E. Eiermann) è un monumento rappresentativo della città divisa.

Café des Westens 1909, Kurfürstendamm Ecke Joachimstaler Straße

1909. Café des Westens, Kurfürstendamm Ecke Joachimstaler Straße, im Volksmund „Café Größenwahn", weil sich hier die Künstler der Stadt trafen. Das Haus wurde 1895 gebaut, im April 1945 zerstört, die Ecke nie würdig geheilt.

1909. Café des Westens, on the corner between Kurfürstendamm and Joachimstaler Straße, also called „Café Megalomania" because it was here the artists of the city met. The house was constructed in 1895, was destroyed in April 1945, the corner was never healed.

1909. Café des Westens, Kurfürstendamm esquina Joachimstaler Straße, en el lenguaje popular se llamaba „Café Megalomanía" porque se encontraban los artistas de la ciudad. El edificio fue construido en 1895, y en abril 1945 fue destruido y nunca volvió a ser lo que era.

1909. Café des Westens, Kurfürstendamm angolo Joachimstaler Straße, detto „Café Megalomania" perché luogo di incontro degli artisti della città. L'edificio (1895), distrutto nell'aprile 1945 non fu mai risanato degnamente.

1899. Schloss Charlottenburg. Als Friedrich I. sich 1701 in Königsberg zum König in Preußen krönte, ließ er für seine Frau Charlotte eine prächtige Residenz bauen. Schlosstheater und die Orangerie kamen später hinzu.

1899. Charlottenburg palace. When Frederick I crowned himself king in Prussia in 1701, he had a splendid residence built for his wife Charlotte. The palace theatre and the Orangerie were added later.

1899. El Castillo de Charlottenburg. Cuando el rey Federico I. fue Rey de Prusia en Königsberg en 1701 ordenó la construcción de una residencia suntuosa para su esposa Charlotte. El teatro y la Orangerie fueron posteriormente construidos.

1899. Il castello di Charlottenburg. Quando nel 1701 Federico I si incoronó re in Prussia a Königsberg, fece erigere una sontuosa residenza per la moglie Charlotte. Il teatro del castello e l'orangeria sono postume.

1899. Das Knie (heute Ernst-Reuter-Platz) und die Berliner Straße (Otto-Suhr-Allee) von der Hardenbergstraße aus gesehen. Vom Stadtschloss bog man zum Schloss Charlottenburg ab. Heute ist hier die Technische Universität.

1899. The Knie (today Ernst-Reuter-Platz) and the Berliner Straße (Otto-Suhr-Allee) seen from Hardenbergstraße. From the town palace, one turned to Charlottenburg palace. Today the technical university is here.

1899. La Knie (hoy Ernst-Reuter-Platz) y la Berliner Straße (Otto-Suhr-Allee) se divisan desde Hardenbergstraße. Desde el castillo de Berlín se doblaba hacia el castillo Charlottenburg. Hoy se encuentra la Universidad técnica allí.

1899. Il Knie (oggi Ernst-Reuter-Platz) e la Berliner Straße (Otto-Suhr-Allee) visti dalla Hardenbergstraße. Dal castello di Berlino si svoltava verso il castello di Charlottenburg. Qui c'è oggi l'universitá tecnica.

1935/1936. Olympiastadion (Reichssportfeld) in Charlottenburg, für die Olympischen Spiele 1936 gebaut, an antiken Sportstätten orientiert. Das Endspiel der Fußballweltmeisterschaft 2006 wurde hier ausgetragen.

1935/1936. Olympiastadion (Reichssportfeld) constructed in Charlottenburg for the 1936 Olympics, modelled on historic sports grounds. The final match of the 2006 World Cup was played here.

1935/1936. El Olympiastadion (Reichssportfeld) en Charlottenburg, fue construido para los Juegos Olímpicos del año 1936, basandose en los campos antiguos. El partido final del Mundial de Fútbol en el 2006 se realizó aquí.

1935/1936. Olympiastadion (campo sportivo del Reich) a Charlottenburg, costruito per i giochi olimpici del 1936, ispirato ad antichi edifici sportivi. Qui si é svolta la finale dei mondiali di calcio del 2006.

1 Admiralspalast (S. 54)
2 Alexanderplatz (S. 6)
3 Altes Museum (S. 46)
4 Anhalter Bahnhof (S. 22)
5 Bahnhof Friedrichstraße (S. 56)
6 Bauakademie (S. 38)
7 Belle-Alliance-Platz (S. 20)
8 Berliner Dom (S. 44)
9 Bode-Museum (S. 50)
10 Brandenburger Tor (S. 64)
11 Britische Botschaft (S. 60)
12 Bundeskanzleramt (S. 69)
13 Café Kranzler – 1932, Unter den Linden (S. 58)
14 Café Kranzler, Kurfürstendamm (S. 85) ehemals Café des Westens
15 Engelbecken (S. 18)
16 Ernst-Reuter-Platz (S. 89)
17 Gendarmenmarkt (S. 32)
18 Hauptbahnhof (S. 73)
19 Hotel Adlon (S. 62)
20 Jungfernbrücke (S. 14)
21 KaDeWe (S. 78)
22 Kaiser-Wilhelm-Denkmal – 1934 (S. 42)
23 Kaiser-Wilhelm-Gedächtniskirche (S. 82)
Krolloper – 1920, siehe Bundeskanzleramt
24 Kronprinzenbrücke (S. 70)
Lehrter Bahnhof, siehe Hauptbahnhof
25 Leipziger Platz (S. 26)
Mehringplatz, siehe Belle-Alliance-Platz
26 Mühlendamm (S. 12)
27 Neue Synagoge (S. 52)
28 Neue Wache (S. 36)
29 Nikolaiviertel (S. 10)
30 Nollendorfplatz (S. 76)
31 Oberbaumbrücke (S. 16)
32 Olympiastadion, Olympische Str. 3 (S. 90)
33 Pergamonmuseum (S. 48)
34 Potsdamer Platz (S. 24)
35 Reichstag (S. 66)
36 Reiterdenkmal Friedrichs d. Großen (S. 34)
37 Rotes Rathaus (S. 8)
38 Schloss Charlottenburg (S. 86)
39 Schlossbrücke (S. 40)
Schlossplatz, siehe Kaiser-Wilhelm-Denk.
40 Siegessäule (S. 74)
41 Spittelmarkt (S. 30)
42 Wilhelmstraße (S. 28)
43 Wittenbergplatz (S. 80)

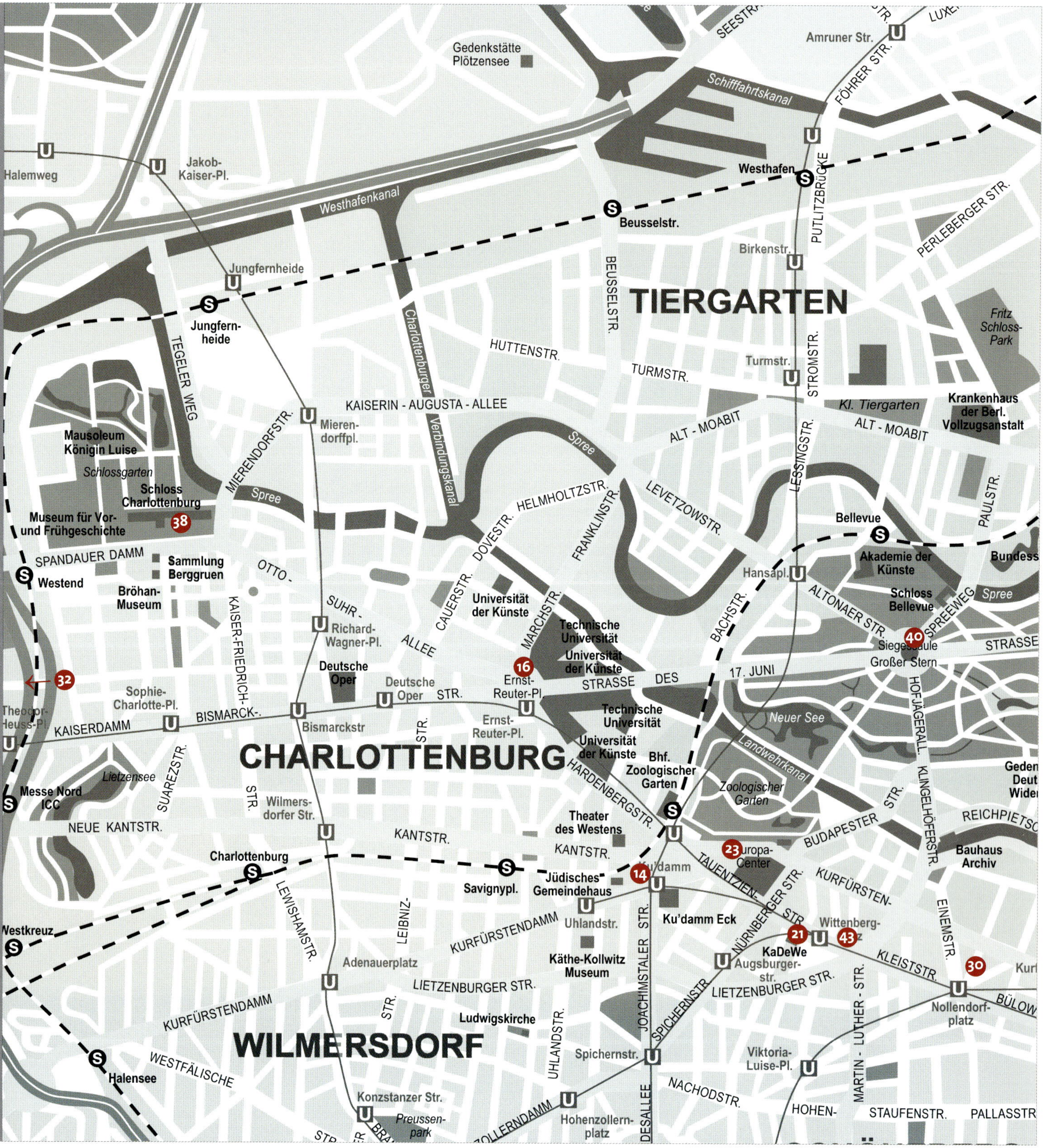

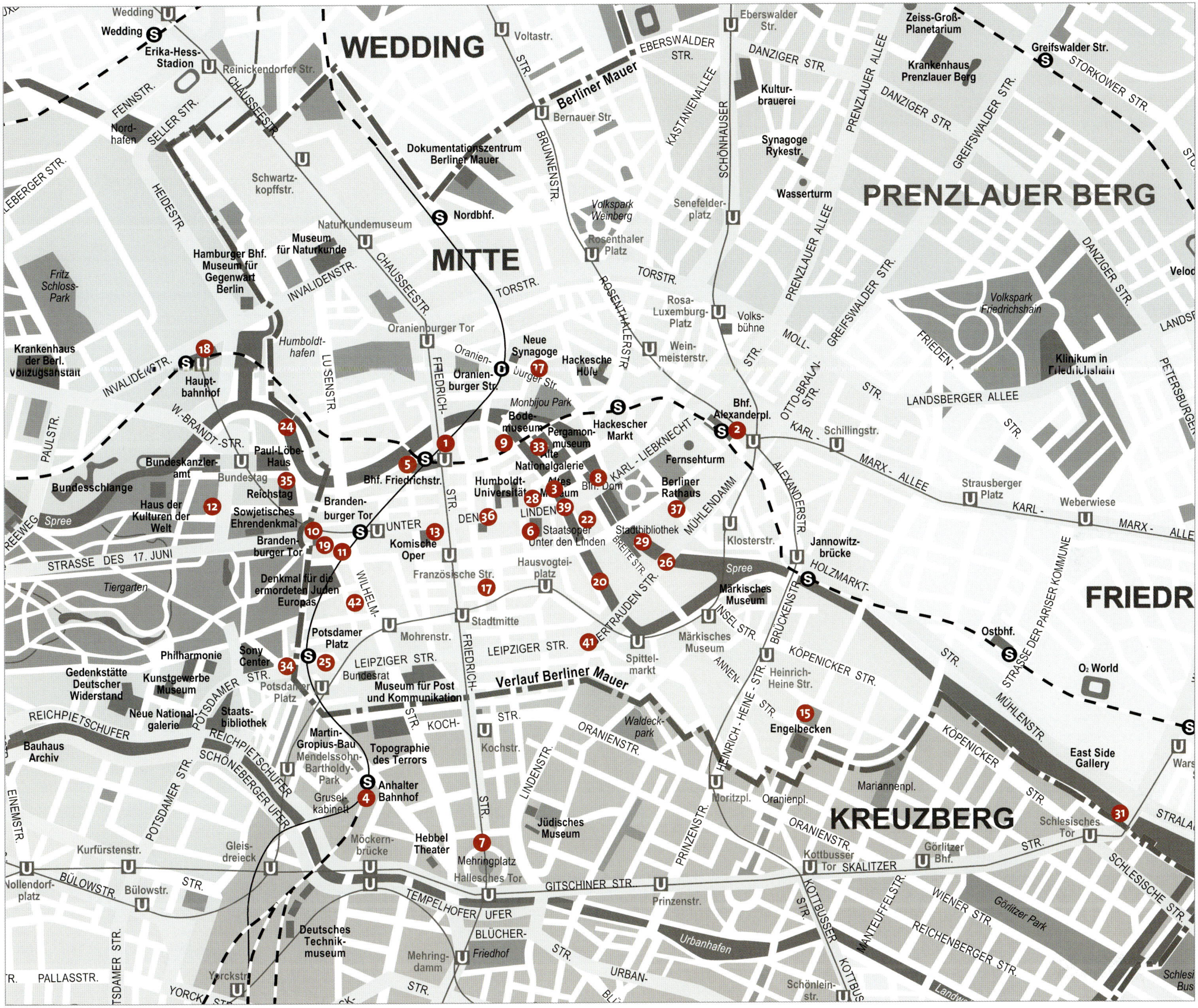

WEDDING
MITTE
PRENZLAUER BERG
KREUZBERG
FRIEDR
Wedding
Erika-Hess-Stadion
Reinickendorfer Str.
Voltastr.
Eberswalder Str.
Zeiss-Groß-Planetarium
Greifswalder Str.
STORKOWER STR.
EBERSWALDER STR.
DANZIGER STR.
Krankenhaus Prenzlauer Berg
Kultur-brauerei
Berliner Mauer
Bernauer Str.
FENNSTR.
SELLER STR.
Nord-hafen
CHAUSSEESTR.
Dokumentationszentrum Berliner Mauer
KASTANIENALLEE
SCHÖNHAUSER
PRENZLAUER ALLEE
GREIFSWALDER STR.
Synagoge Rykestr.
Wasserturm
HEIDESTR.
Schwartz-kopffstr.
BRUNNENSTR.
Volkspark Weinberg
Senefelder-platz
Nordbhf.
Naturkundemuseum
Museum für Naturkunde
Rosenthaler Platz
Hamburger Bhf. Museum für Gegenwart Berlin
INVALIDENSTR.
Fritz Schloss-Park
TORSTR.
ROSENTHALER STR.
Rosa-Luxemburg-Platz
Volks-bühne
Volkspark Friedrichshain
Oranienburger Tor
Neue Synagoge
Oranien-burger Str.
Hackesche Höfe
Wein-meisterstr.
MOLL-
Klinikum im Friedrichshain
Krankenhaus der Berl. Vollzugsanstalt
Humboldt-hafen
LUISENSTR.
FRIEDRICH-
Haupt-bahnhof
Monbijou Park
Hackescher Markt
Bhf. Alexanderpl.
OTTO-BRAUN-STR.
LANDSBERGER ALLEE
PAULSTR.
W.-BRANDT-STR.
Paul-Löbe-Haus
Bode-museum
Pergamon-museum
KARL-LIEBKNECHT
Alte Nationalgalerie
Fernsehturm
Schillingstr.
KARL-MARX-ALLEE
Bundeskanzler-amt
Bundestag
Reichstag
Bhf. Friedrichstr.
Humboldt-Universität
Altes Museum
Bln. Dom
Berliner Rathaus
Strausberger Platz
Weberwiese
Bundesschlange
Haus der Kulturen der Welt
Spree
Sowjetisches Ehrenmal
Branden-burger Tor
UNTER DEN LINDEN
Komische Oper
Staatsoper Unter den Linden
Stadtbibliothek
MÜHLENDAMM
Klosterstr.
ALEXANDERSTR.
Jannowitz-brücke
STRASSE DES 17. JUNI
Tiergarten
Denkmal für die ermordeten Juden Europas
WILHELM-
Französische Str.
Hausvogtei-platz
BREITE STR.
HOLZMARKT-
Märkisches Museum
Stadtmitte
Mohrenstr.
Potsdamer Platz
LEIPZIGER STR.
GERTRAUDEN STR.
Spittel-markt
INSEL STR.
BRÜCKENSTR.
Ostbhf.
STRASSE DER PARISER KOMMUNE
O₂ World
Philharmonie
Sony Center
Gedenkstätte Deutscher Widerstand
Kunstgewerbe Museum
Bundesrat
Museum für Post und Kommunikation
Verlauf Berliner Mauer
KÖPENICKER STR.
Heinrich-Heine Str.
ANNEN-
Neue National-galerie
Staats-bibliothek
POTSDAMER STR.
REICHPIETSCHUFER
KOCH-
Kochstr.
ORANIENSTR.
Waldeck-park
Engelbecken
MÜHLENSTR.
East Side Gallery
Bauhaus Archiv
Martin-Gropius-Bau
Mendelssohn-Bartholdy-Park
Topographie des Terrors
LINDENSTR.
HEINRICH-HEINE-STR.
Moritzpl.
Oranienpl.
Mariannenpl.
SCHÖNEBERGER UFER
Grusel-kabinett
Anhalter Bahnhof
Jüdisches Museum
Schlesisches Tor
EINEMSTR.
Kurfürstenstr.
Gleis-dreieck
Möckern-brücke
Hebbel Theater
Mehringplatz
PRINZENSTR.
Kottbusser Tor
SKALITZER
Görlitzer Bhf.
SCHLESISCHE STR.
Nollendorf-platz
BÜLOWSTR.
Bülowstr.
Hallesches Tor
GITSCHINER STR.
Prinzenstr.
TEMPELHOFER UFER
WIENER STR.
Görlitzer Park
Deutsches Technik-museum
BLÜCHER-
Urbanhafen
MANTEUFFELSTR.
REICHENBERGER STR.
KOTTBUSSER
Mehring-damm
Friedhof
URBAN-
PALLASSTR.
YORCK
Yorckstr.
Schönlein-str.

Peter Frischmuth

BERLIN KREUZBERG SO 36

128 Seiten, s/w- und Farbfotografien, fester Einband **19,80 Euro**
ISBN 978-3-86368-059-6

Vom Frontbezirk des Westens zurück ins Herz der Stadt:
Mit dem Mauerbau 1961 gerät Kreuzberg in eine Randlage, werden lebhafte Verbindungen zwischen Ost- und West-Berlin gekappt.
1982 hält Peter Frischmuth die Lage fotografisch fest – 2006, ein Vierteljahrhundert später und ohne Mauer, kehrt er auf seinen eigenen Spuren zurück und vergleicht.
Und diese direkte Gegenüberstellung der Bilder beeindruckt. Sie zieht den Betrachter geradezu magisch in die Zeit der Mauer zurück, nur um ihn auf der gegenüberliegenden Seite doch zu erlösen: Die Wunde ist geschlossen, die Mauer musste weg – und sie ist tatsächlich weg!
Auch die Menschen von 1982 hat Frischmuth aufgespürt, hat ihre Orte wieder aufgesucht und zeigt so auf wunderbare Weise:
Kreuzberg SO 36 ist mitten ins Herz der Stadt zurückgekehrt.

Sechssprachig:
Deutsch – Englisch – Italienisch – Spanisch – Russisch – Chinesisch

Bundesstiftung Aufarbeitung (Hg.)

DIE BERLINER MAUER IN DER WELT

256 Seiten, 230 Fotografien 21 x 21 cm, fester Einband **19,80 Euro**
ISBN 978-3-86855-023-8

Symbole der Freiheit, der menschlichen Willensstärke, Relikte des Kalten Krieges. Ungezählte Teile der Berliner Mauer wurden nach ihrem Fall 1989 in die Welt hinaus getragen – und mit ihnen der Freiheitswille der Berliner.
Mehr als 120 dieser tonnenschweren Mauersegmente, die in über 40 Staaten auf allen Kontinenten stehen, wurden für diesen Band ausfindig gemacht. Unter ihren neuen Besitzern befinden sich japanische Geschäftsmänner, prominente Kunstsammler sowie alle US-Präsidenten der letzten einhundert Jahre und sogar der Papst. Erzählt werden spannende, kuriose, aber auch tragische Geschichten, die die facettenreiche Erinnerung an die Mauer und den Kalten Krieg eindrucksvoll widerspiegeln.

Landesarchiv Berlin (Hg.)

DIE BERLINER MAUER 1961–1989

128 Seiten, 118 Abbildungen, mit DVD, Broschur **9,80 Euro**
ISBN 978-3-86368 -046-6 (dt.), -029-9 (engl.), 032-9 (niederl.), -033-6 (franz.), -047-3 (ital.), 024-4 (russ.), 009-1 (span.), 008-4 (poln.)
ISBN 978-3-86855-017-7 (port.)

Surlrelal ‹franz.› (unwirklich).
Wer das heutige Berlin mit diesen Bildern vergleicht, wird um das Wort nicht herumkommen. Surreal. Unwirklich. Unglaublich geradezu, dass diese Bilder einmal die Realität zwischen zwei deutschen Staaten abgebildet haben. Das Landesarchiv Berlin zeigt hier die beeindruckendsten Aufnahmen der Teilung aus seinem Bestand.
Bilder der Brutalität, der Brisanz, der Absurdität. Des realen und doch heute längst vergangen erscheinenden Kalten Krieges, dessen Front Berlin von 1961 bis 1989 in zwei ungleiche Hälften zerschnitt.
Ein scheußliches Bauwerk, das die Bewohner der Stadt auseinander riss und für mehr als 28 Jahre eine klaffende Wunde blieb. Und an das in diesem Fotoband eindringlich erinnert wird. Zusammen mit der beigelegten DVD des Landesarchivs bildet dieses Buch eine umfassende Dokumentation des ganz normalen Wahnsinns: So war das geteilte Berlin.

Dirk Laubner

AM HIMMEL VON BERLIN UND POTSDAM

96 Seiten, Farbfotografien, fester Einband **19,80 Euro**
ISBN 978-3-86368-010-7

Berlin. Eine Stadt, die immer in Bewegung ist, immer bereit sich zu verändern. Aus der Luft betrachtet bietet sie immer wieder neue spannende An- und Aussichten. Berlin und Potsdam aus der Vogelperspektive ist Dirk Laubners Lieblingsobjekt vor der Kamera. Regelmäßig schwingt sich der Bildjournalist auf in die Lüfte über der Hauptstadt und kehrt wieder mit eindrucksvollen Luftaufnahmen der Metropole und ihrer Umgebung. Die aktuellsten Fotos versammeln sich nun in einem Band. - Aktuelle Luftaufnahmen von Berlin und Potsdam - Zeigt die Stadt im ständigen Wandel - in sechs Sprachen: Deutsch, Englisch, Italienisch, Französisch, Spanisch, Russisch.

Daniel Spehr/Kathrin Schulthess

MADE IN BERLIN

192 Seiten, zahlreiche Farbfotografien, fester Einband **19,80 Euro**
ISBN 978-3-86368-040-4

Solch ein Buch über Berlin hat es noch nicht gegeben. Witzig, erhellend, überraschend: Daniel Spehr und Kathrin Schulthess erforschen Berlin und seine Bewohner – wie bewältigen wir unser Leben, auf welche Signale reagieren wir, wie gestalten wir unsere Umwelt, welche Zeichensprache verstehen wir.
Zwei Jahre haben die beiden Fotografen die Stadt erkundet, ihren Alltag, ihre Kuriositäten und Visionen.
Herausgekommen ist ein einzigartiges Buch, prall gefüllt mit Hauptstadtleben. Eine Stadt als Gesamtkunstwerk – irgendwie ist alles Art. Alles made in Berlin.

Wieland Giebel/Ron Mertiny

BERLIN HEUTE

64 Seiten, 160 Farbabbildungen, Broschur **7,80 Euro**
ISBN 978-3-86368-066-4
inkl. DVD 40 min. + 38 min. Bonusmaterial

Lebendig, vielseitig und ständig im Wandel: Berlin zählt heute zu den aufregendsten und meist besuchten Städten Europas.
In brillanten Bildern stellen Berlin-Experte Wieland Giebel und Fotograf Ron Mertiny Berlin heute vor. Zusätzlich erläutert ein Film auf Deutsch und Englisch die Highlights der Hauptstadt.

HISTORIALE
BERLIN
MUSEUM
Das Historiale BERLIN MUSEUM –
Ihr Berlin-Portal!
Die Geschichte der Hauptstadt von der
Gründung bis heute, multimedial & kompakt –
in 10 Sprachen und in einer Stunde.
30 Filme à 100 Sekunden
Bonus-Filme: „The Making of Berlin" und „Die Berliner Mauer"
Szenische Darstellungen, historische Modelle, einprägsame Bilder
„Best of best information in Berlin" (TOP 10)
MUSEUM · BERLIN-BÜCHER · SOUVENIRS
Jan-Feb:
10–19 Uhr
Mär-Dez:
10-20 Uhr
Eintritt: 5 €
inkl. AudioGuide
Familien: 10 €
ermöglicht durch:
STIFTUNG
DEUTSCHE KLASSENLOTTERIE BERLIN
www.Historiale.de
Historiale BERLIN MUSEUM
Unter den Linden 40
10117 Berlin-Mitte
Tel.: 030 - 20 45 46 73
oder 030 - 51 73 63 07
Museum@Historiale.de